LA

COUPE DE BACCHUS

CHANSONNIER

Bachique et Philosophique.

IAITEUR

Elle appelle la joie et chasse les soucis
Le pauvre, le verre en main, sur le trône est assis.

PARIS,
RENAUD, ÉDITEUR.
1842

LA

COUPE DE BACCHUS.

IMPRIMERIE DE MOQUET ET HAUQUELIN,
rue de la Harpe, 90.

LA

COUPE DE BACCHUS

CHANSONNIER

Bachique et Philosophique.

Elle appelle la joie et chasse les soucis
Le pauvre, le verre en main, sur le trône est assis.

B. RENAUD, ÉDITEUR,

1842.

Chanson de maître Adam.

—

Air connu.

Aussitôt que la lumière
A redoré nos côteaux,
Je commence ma carrière
Par visiter mes tonneaux :

4

Ravi de revoir l'aurore,
Lé verre en main, je lui dis :
Vois-tu sur la rive more
Plus qu'à mon nez de rubis?

Le plus grand roi de la terre,
Quand je suis dans un repas,
S'il me déclarait la guerre,
Ne m'épouvanterait pas :
A table rien ne m'étonne,
Et je pense quand je boi,
Si là haut Jupiter tonne,
Que c'est qu'il a peur de moi.

Si quelque jour, étant ivre,
La mort arrêtait mes pas,
Je ne voudrais pas revivre
Pour changer ce grand trépais :
Je m'en irais dans l'Averne
Faire ennivrer Alecton,
Et planter une taverne
Dans la chambre de Pluton.

De ce nectar délectable
Les démons étant vaincus,

Je ferai chanter au diable
Les louanges de Bacchus :
J'apaiserai de Tantale
La grande altération,
Et passant l'onde infernale,
Je ferai boire Ixion.

Au bout de ma quarantaine,
Des ivrognes m'ont promis
De venir, la tasse pleine,
Au gite où l'on m'aura mis :
Pour me faire une hécatombe
Qui signale mon destin,
Ils arroseront ma tombe
De plus de cent brocs de vin.

De marbre ni de porphire
Qu'on ne fasse mon tombeau,
Pour cercueil je ne désire
Que le contour d'un tonneau,
Et veux qu'on peigne ma trogne
Avec ces vers à l'entour :
« Ci gît le plus grand ivrogne
Qui jamais ait vu le jour. »

Le pouvoir du vin.

Air : C'est l'amour, l'amour.

C'est le vin, ie vin, le vin,
  Qui m'enchante,
Et que je chante;
C'est avec ce jus divin
  Qu'on brave le destin.

Qui rend l'usurier plus traitable
Et le guerrier plus courageux?
Qut fait chanter près d'une table
Le mortel le plus malheureux?
  Qui fait chérir l'automne?
  Qui met en belle humeur?
  Et qui fut d'Erigone
  Le séduisant vainqueur?
C'est le vin, etc:

Qui fait chanceler la fillette

Au combat secret des amours?
Qui fait parfois mettre en goguette
L'homme des champs, celui des cours?
   Qui fait fuir la tristesse?
   Qui nous rend plus humain?
   Qui donne l'allégresse
   Et réveille un festin?
C'est le vin, etc.

Qui nous fait mépriser l'envie,
Et qui nous rend frais et dispos?
Qui donne l'essor au génie?
Qui d'un poltron fait un héros?
   Qui fait que l'on révère
   Piron, Collé, Panard?
   Quel baume salutaire
   Réchauffe-le vieillard?
C'est le vin, etc.

Qui rend le censeur moins sévère?
Qui rend l'époux plus caressant?
Qui rend un plaideur plus sincère?
Qui rend la franchise au Normand?
   Qui dévoile un mystère
   Où l'amour est admis?

Qui rend sur cette terre
Tous les hommes unis?
C'est le vin, le vin, le vin,
Qui m'enchante,
Et que je chante;
C'est avec ce jus divin
Qu'on brave le destin.

L'enfer

CHANSON DIABOLIQUE,

Air : Vive le vin de Ramponneau.

Vive l'enfer où nous irons !
Venez, filles
Gentilles ;
Nous chanterons,
Boirons, rirons,
Et, toujours lurons,
Nous serons
Ronds !

Là, les Manons,
Les Ninons,
Dont nous nous abstenons,
Recevront nos poursuites.
Sans nous cacher,
Sans tricher,
Nous pourrons tous pécher,
En nous moquant des suites.
Vive l'enfer, etc.

Là, les auteurs,
Les acteurs,
Les chanteurs amateurs
Et piliers de coulisses,
De feux nouveaux,
Tous rivaux,
Vont, doublant leurs travaux,
Griller pour nos actrices.
Vive l'enfer, etc.

Moins qu'à Paris,
Les maris.
D'être joués marris,
En enfer seront mornes;

Comment, tout nus,
Les cocus
Seraient-ils reconnus ?
Les diables ont des cornes.
Vive l'enfer, etc.

Par des ballets,
Des couplets,
Nous enchanterons les
Phalanges infernales.
Procession,
Station,
Nous plairaient dans Sion
Moins que nos bacchanales.
Vive l'enfer, etc.

Tout l'Opéra
Y sera,
Chantera, dansera,
Chacun jouera son rôle.
Avec Adam
Et Satan,
Paul et le grand sultan
Feront la cabriole.

Vive l'enfer, etc.

Pellégrini,
Spontini,
Ronzi, Catalani,
Chantant la méme gamme,
Au brûlant nid,
Noms en i,
Pour votre art infini
Nous serons tous de flammes.
Vive l'enfer, etc.

Vos divins airs,
Vos concerts,
Rempliront les enfers
Des douze harmonies;
Tandis qu'au ciel
Gabriel
Fait bâiller l'Éternel
Avec ses litanies.
Vive l'enfer, etc.

Les saints là-haut,
Sans réchaud,
Ne mangent jamais chaud;

Voyez leurs tristes mines.
   Plus fortunés, les damnés
Mettront pour leurs dîners
   Tout l'enfer en cuisines.
Vive l'enfer, etc.

   Jamais aigris
      Ni maigris,
Nous boirons, toujours gris,
A la santé des braves,
      Laissant prier,
      S'ennuyer
Les saints dans leur grenier,
Nous irons dans nos caves.
Vive l'enfer, etc.

   Sans médecins,
      Toujours sains,
Narguant des assassins
Les noires ribambelles ;
      Plein de santé,
      De gaité,
A notre éternité
Nous trouverons des ailes.

Vive l'enfer où nous irons !
    Venez, filles
    Gentilles ;
    Nous chanterons,
    Boirons, rirons,
Et toujours lurons,
    Nous serons
    Ronds !

EUGÈNE LE PRADEL.

Jouissons du temps présent.

Air connu.

Nous n'avons qu'un temps à vivre,
Amis, passons-le gaîment :
De tout ce qui va le suivre
N'ayons jamais aucun tourment.

A quoi sert d'apprendre l'histoire?
N'est-ce pas la même partout?
Apprenons seulement à boire,

Quand on sait boire, on sait tout.
   Nous n'avons, etc.

Qu'un tel soit général d'armée,
Que l'Anglais succombe sous lui :
Moi, qui suis sans renommée,
Je ne veux vaincre que l'ennui.
   Nous n'avons, etc.

A courir sur terre et sur l'onde
On perd trop de temps en chemin ;
Faisons plutôt tourner le monde
Par l'effet de ce jus divin.
   Nous n'avons, etc.

Qu'un savant à chercher les planètes
Occupe son plus beau loisir :
Je n'ai pas besoin de lunettes
Pour apercevoir le plaisir.
   Nous n'avons, etc.

Qu'un avide chimiste exhale
Sa fortune en cherchant de l'or ;
J'ai ma pierre philosophale
Dans un cœur qui fait mon trésor.
   Nous n'avons, etc.

Au grec, à l'hébreu je renonce ;
Ma maîtresse entend le français,
Sitôt qu'à boire je prononce,
Elle me verse du vin frais.

    Nous n'avons, etc.

J'aime le vin.

Musique de l'auteur des paroles.

J'aime le vin, j'aime le vin,
Quand son jus bienfaisant colore
Le cristal que je vais soudain
Auprès de vous saisir encore.
J'aime le vin, seul il m'inspire
Joyeux refrain, joyeux délire.
J'aime le vin, j'aime le vin,
Versez, amis, j'aime le vin.

J'aime le vin, j'aime le vin,
Tout frais pressuré de la grappe :
Je l'aime encor dans un festin
Quand d'un vieux flacon il s'échappe.
J'aime le vin, lorsqu'à plein verre

Me l'offre quelqu'ami sincère.
J'aime le vin, etc.

J'aime le vin, j'aime le vin,
Quand sa liqueur enchanteresse
Provoque un amoureux larcin
Sur la bouche d'une maîtresse.
J'aime le vin jusqu'à la lie,
Versé par une main jolie.
J'aime le vin, etc.

J'aime le vin, j'aime le vin,
Quand pour nous sourit la victoire,
Je bois ce nectar souverain
Au souvenir de notre gloire.
J'aime le vin, liqueur chérie !
Produit de ma belle patrie.
J'aime le vin, etc.

J'aime le vin, j'aime le vin,
Rien n'égale ce doux breuvage,
Il console le genre humain
De tous les ennuis du vieil âge.
Heureux si je puis à ma guise
Longtemps répéter ce refrain :
J'aime le vin, j'aime le vin.
Versez, amis, j'aime le vin.   BLONDEL.

La table.

Air : Mes amis, il nous faut faire une pause.

Amis, restons longtemps à table,
La nuit est le temps de la paix.
Tout dort, le juge, le procès
Et le créancier redoutable;
Ah ! la suprême volupté
Est de renouveler chopine,
En songeant à qui l'on destine
Le revenu de sa santé. } bis.

Amis, restons longtemps à table,
Il faut punir notre raison ;
Tous les jours elle est de saison
Et n'en est pas plus secourable..
Ah ! la suprême, etc.

Amis, restons longtemps à table,
Le sommeil prend trop sur nos jours ;
En veillant, on double le cours
D'une vie, hélas ! peu durable.
Ah ! la suprême, etc.

Amis, restons longtemps à table,
La charte ne le défend point :
C'est peut-être dans ce seul point
Que ce décret est recevable.
Ah ! la suprême, etc.

Mon verre et ma pinte.

Air : Nos caves sont pleines.

Eh gai ! mon verre et ma pinte !
De bons vieux amis pour toujours,
Désormais sans contrainte
Embelliront nos jours !

Holà ! buveurs, à mon secours,

Je vois la cinquantaine,
Au vin joyeux avoir recours
    Pour réchauffer ma veine,
    Accourez, vieux boute-en-train,
    J'ai là tout prêt mon refrain :
        Eh gai ! mon verre, etc.

Quand près de ses brillantes sœurs
    Tarira notre étoile,
Sachons sur toutes nos erreurs
    Jeter un large voile.
Lorsque l'on devient grison,
Il faut bien parler raison.
        Eh gai ! mon verre, etc.

A vous, mes jeunes successeurs,
    Les gaillardes promesses !
A vous les baisers, les faveurs,
    D'enivrantes maîtresses.
    Puisque pour moi Cupidon
    Vient d'éteindre son brandon ;
        Eh gai ! mon verre, etc.

Riez, belles, riez tout bas
    De mon pauvre martyre ;

Vienne le jour où vos appas
    Perdront tout leur empire,
Vous n'aurez pas comme moi
Ce refrain de bon aloi :
    Eh gai ! mon verre, etc.

Puisqu'ainsi le veut le Destin,
    Ma foi, je me confie
Sans dépit, sans chagrin,
    A la philosophie,
Pour elle encor l'avenir
Ne peut-il donc s'embellir?

    Eh gai ! mon verre et ma pinte !
De bons vieux amis pour toujours
    Désormais sans contrainte
    Embelliront nos jours !

                BLONDEL.

Le lit et la table.

Air : La bonne aventure, ô gai !

Il faut régler ses désirs,
   Dit un sage aimable,
Et faire entre les plaisirs
   Un choix raisonnable.
Des biens je fais peu de cas,
Et je ne me plaindrai pas
Si j'ai toujours ici bas
   Bon lit, bonne table.

J'ai percouru vainement
  La terre habitable :
A quoi tout ce mouvement
  Est-il profitable ?
Que gagne-t-on à changer ?
Sans aller chez l'étranger,
Bornons-nous à voyager
  Du lit à la table.

Damis voit dans la grandeur
  Un bien désirable :
Pour moi, je crois le bonheur
  Chose préférable.
L'homme heureux, sans se montrer,
Cherche à se faire ignorer,
Satisfait de figurer
  Au lit, à la table.

Amour, appétit, valeur
  Ont un coin semblable ;
Bon estomac d'un grand cœur
  Est inséparable :
Pour théâtre, à des exploits
Moins brillans, mais plus courtois,

Un héros choisit parfois
　　Le lit et la table.
Sans profaner des Latins
　　La langue admirable,
Jmitons de leurs festins
　　L'ordonnanee aimable :
Cè peuple s'y connaissait,
Et savait ce qu'il faisait
Lorsqu'ensemble il unissait
　　Le lit et la table·

E. Jouy.

Chanson bacchique.

Air nouveau.

Mes bons amis, versez, versez encor,
Il faut boire
Pour vaincre l'humeur noire ;
Mes bons amis, versez, versez encor
Que la gaîté reprenne son essor.
Quoi ! les soucis, les noirs chagrins,
Reprendraient ici leur empire !

Quoi, seulement pas un sourire
N-accompagnerait nos refrains!
Au diable la mélancolie,
Laissons les fous s'y consacrer;
Gardons-nous bien de soupirer,
Les soupirs abrègent la vie.
Mes bons amis, etc.

Et pourquoi ne boirions-nous pas?
Les désirs naissent de l'ivresse·
Que la liqueur enchanteresse
Nous montre ici tous ses appas :
Tarissons la coupe vermeille;
Si bizarre est notre destin,
Qu'il change en deuil, le lendemain.
Mes bons amis, etc.

Et toi, sexe tout gracieux,
Toi qui brilles de mille charmes,
Viens, que l'on te rende les armes.
Tout cède au pouvoir de tes yeux :
Honte à qui ne te rend pas hommage.
Ainsi qu'un sage le pensa,
Le cœur froid qui jamais n'aima

Du ciel déshonore l'ouvrage.
Mes bons amis, etc.

Lorsqu'au mépris de son honneur
Et du cri de sa conscience,
L'intrigue se gorge en silence
De l'or, des larmes du malheur.
Exempt d'une telle faiblesse,
Heureux qui dit avec fierté :
La paix du cœur et la gaîté,
Voilà la plus douce richesse.
Mes bons amis, etc.

Fi, de ces insignes faveurs
Qui conduisent au rang suprême,
Las, en secret le diadême
Est souvent arrosé de pleurs,
Ceint de fleurs et de fruits d'automne,
De pampre et de myrthes d'amour,
Selon moi, jusqu'au dernier jour,
Voilà la plus belle couronne.

Mes bons amis, versez, versez encor
        Il faut boire

Pour vaincre l'humeur noire ;
Mes bons amis, versez, versez encor,
Que la gaîté reprenne son essor.

BLONDEL, *sociétaire.*

Chanson bachique.

Air : Présent! présent.

Laissez-moi boire en liberté,
Je vous brave,
Au fond de ma cave ;
Je me ris de l'adversité,
Lorsque je bois en liberté.

Graves enfans de Melpomène,
Le Dieu du Pinde vous sourit :
Allez déguisser Hiocrènne
Moi, je me passe bien d'esprit.
    Laissez-moi boire, etc.

Fillettes, je vous rends les armes
Quand le plaisir me tend la main ;
Je veux bien adorer vos charmes ;
Mais ne me parlez pas d'hymen.
    Laissez-moi boire, etc.

Fameux disciples d'Esculape,
Ne craignez rien pour mes jours :
Mieux que vous, le jus de la grappe
En éternisera le cours.
    Laissez-moi boire, etc.

Petits héros de l'Angleterre,
Nos bras sont loin d'être perclus,
Mais ne rallumez plus la guerre,
Nous vous avons assez battus.
    Laissez-moi boire, etc.

Sous l'étendard du fanatisme,
Peuples, vous pouvez tous marcher :

Combattez, frappez l'athéisme,
Mais ne venez pas me chercher.

Laissez-moi boire, etc.

Grands rois, le poids de vos couronnes
N'est jamais venu m'accabler ;
Et cependant, comme les trônes,
Souvent on m'a vu chanceler.

Laissez-moi boire, etc.

Et vous dont la sotte puissance
Gouverne le fier Musulman,
Dans les beaux climats de la France
N'apportez jamais l'Alcoran.
Laissez-moi boire en liberté ;

Je vous brave

Au fond de ma cave.
Je me ris de l'adversité,
Lorsque je bois en liberté.

Charles LEPAGE.

Plus on est de fous, plus on rit.

Air connu.

Des frélons bravons la piqûre,
Que j'aime à voir dans ce séjour
Le joyeux troupeau d'Epicure
Se recruter de jour en jour !
Francs buveurs que Bacchus attire
Dans ces retraites qu'il chérit,
Venez avec nous boire et rire...
Plns on est de fous, plus on rit.

Ma règle est plus douce et plus prompte
Que le calcul de nos savons ;
C'est le verre en main que je compte
Mes vrais amis, les bons vivans !
Plus je bois, plus leur nombre augmente
Et quand ma coupe se tarit,
Au lieu de quinze j'en vois trente !
Plus on est de fous, plus on rit.

Si j'avais un salle pleine
Des vins choisis que nous sablons,
Et grande au moins comme la plaine
De Saint-Denis ou des Sablons,
Mon pinceau trempé dans la lie
Sur tous les murs aurait écrit :
« Entrez, enfants de la folie...
« Plus on est de fous, plus on rit. »

Entrez, soutiens de la sagesse,
Apôtres de l'humanité ;
Entrez, amis de la richesse ;
Entrez, amants de la beauté
Entrez, filiettes dégourdies,
Vieilles filles qui visez à l'esprit ;
Entrez, auteurs de tragédies...
Plus on est de fous, plus on rit.

Puisque notre vie a des bornes,
Aux enfers un jour nous irons ;
Et, malgré le diable et ses cornes,
Aux enfers un jour nous rirons....
L'heureux espoir! que vous en semble?
Or, voici ce qui le nourrit ;
Nous serons-là-bas tous ensemble...
Plus on est de fous, plus on rit.

Armand Gouffé.

Le Vin.

—

Air : C'est l'amour.

C'est le vin (*ter.*)
Qui ranime le génie ;
L'encens qu'on lui sacrifie
Ne brûle pas en vain.

Qui fait oublier la misère,
A la ville ou dans le hameau ?
Met la gaîté dans la chaumière,
Et le plaisir même au château ?
Qui sait dans la détresse
Consoler des revers ?
Qui soutient la vieillesse

Sous le poids des hivers?

C'est le vin, etc.

A ce pauvre et triste malade
Quel dieu va rendre la santé?
A ce courtisan de parade
Qui montrera la vérité?
   A cet amant timide
   Qui donnera du cœur ?
   A ce nouvel Alcide
   Qui rendra la vigueur?

   C'est le vin , etc.

Remarquez-vous cet homme en place
Qui craint de perdre ses amis ?
Comme il les flatte, les enlace!
A sa table ils sont tous admis ;
   Qui de leurs bons offices
   Lui garantit l'appui?
   Qui fait dans nos comices
   Qu'ils voteront pour lui ?

   C'est le vin, etc.

Voyez cette beauté rebelle
Qui vante toujours ses vertus ;
L'Amour, pour punir la cruelle ,
La livre au pouvoir de Bacchus ;
   De sa première flamme

Qui forcera l'aveu ?
Du plaisir dans son âme
Qui répandra le feu?

C'est le vin, etc.

Dans leurs fauteuils académiques
Qui peut réveiller nos auteurs ?
Dans leurs disputes politiques
Qui calme enfin nos orateurs ?
Quand l'intrigue culbute
Un grand, mal affermi,
Quel est, après la chute,
Son plus fidèle ami ?

C'est le vin , etc.

Qui donne l'ardeur aux artistes,
Aux rimeurs du tact et du goût ?
De l'esprit à nos journalistes,
Qui pourtant n'en ont pas beaucoup?
Qui rend les âmes pures ?
Qui fait sur des lauriers

Oublier leurs blessures
A tous nos vieux guerriers ?

C'est le vin

ROCHEFORT.

Le ¥vin.

—

Air : J'ons un curé patriote

Lorsque vous êtes malade
Vous consultez le docteur,
Et tisane et limonade,

Vous affadissent le cœur;
Ayez recours à Bacchus,
Buvez de son divin jus,
Et le vin, et le vin
Sera votre médecine,
Oui sera votre médecin.

Si votre femme jolie
Prête l'oreille aux galants,
A la sombre jalousie
N'abandonnez pas vos sens,
Pour bannir tous vos soucis,
Buvez, messieurs les maris,
 Et le vin, etc.

Si contre son habitude,
Belle jouant sa pudeur,
Veut avec vous faire la prude
Et vous traite avec rigueur,
N'en prenez aucun chagrin,
Amoureux, buvez soudain,
 Et le vin, etc.

Vous qu'une censure amère
A le pouvoir d'affliger;
Vous qu'un sifflet au parterre
Suffit pour décourager;

Narguant siffleurs et censeurs,
Buvez, messieurs les auteurs,
   Et le vin, etc.

Si l'été vous incommode,
Si l'hiver vous fait souffrir,
Il est un moyen commode
Dont vous devez vous servir ;
Buvez, c'est le vrai moyen
De se trouver toujours bien,
   Et le vin, etc.

En faisant une chansonnette
Je croyais plaire aujourd'hui ;
Loin de vous mettre en goguette
Si j'ai causé votre ennui,
J'en suis faché, mes amis ;
Buvez, c'est un bon avis,
Et le vin, etc., etc.

La treille de sincérité.

Air connu.

Nous n'avons plus cette merveille,
Ce phénomène regretté,
La treille
De a ncérité.

Cette treille miraculeuse,
Dont la vertu tient du roman,
Passa long temps pour fabuleuse
Chez le Gascon et le Normand ;
Mais des garants très-authentiques
Ont lu dans un savant bouquin
Que son raisin des plus antiques

Existait sous le roi Pépin.
Nous n'avons plus, etc.

Un docteur qui faisait parade
De son infaillibilité,
Allant visiter un malade
Vit le raisin et fut tenté :
Puis de son homme ouvrant la porte,
Et le trouvant sans pouls ni voix,
C'est, dit-il, le diable m'emporte !
Le trentième depuis un mois.
Nous n'avons plus, etc.

Un auteur, sous un frais ombrage,
Lisant un poème fort beau,
A chaque feuillet de l'ouvrage
S'humectait d'un raisin nouveau :
« Ça, lui dit-on, un tel poème
« Vous a coûté six mois et plus ?...
Non, reprit-il, à l'instant même....
Il m'a coûté cinquante écus.
Nous n'avons plus, etc.

Sous la treille un petit Pompée
Criait aux badauds étonnés :
Dans ma vie, ah ! quels coups d'épée,
Quels coups de sabre j'ai donnés !
Quels coups de fusil, quels coups!... zeste

Il mord la grappe là-dessus,
Et poursuit d'un air plus modeste....
« Quels coups de bâton j'ai reçus ! »
Nous n'avons plus, etc.

Au moment de donner la vie
A l'héritier de son époux,
Une jeune femme eut envie
De ce raisin si beau, si doux ;
Et le pauvre homme ayant pour elle
Cueilli le fruit qu'elle happa :
« Que mon cousin, lui dit la belle,
« Sera content d'être papa. »
Nous n'avons plus, etc.

Mais, hélas, par l'ordre du prince,
Ce raisin justement vanté,
Un jour du fond de sa province,
Près du trône fut transplanté.
Pauvre treille autrefois si belle,
Que venais-tu faire à la cour ?
L'air en fut si malsain pour elle
Qu'elle y mourut le premier jour.
Nous n'avons plus cette merveille,
Ce phénomène regretté,
       La treille
    De sincérité.

Le Chant du départ.

PARODIE.

Air : La victoire en chantant.

UN BON VIVANT.

Pour bien boire en chantant allons à la barrière,
Le vrai plaisir guide nos pas ;
Et du nord au midi la cloche avant-courrière,
A sonné l'heure des repas :
Musiciens, préparez la danse,
Traiteurs, apprêtez vos fricots ,

Le peuple laborieux s'avance,
Garçons descendez aux caveaux.
« La franche gaîté nous appelle.
» Sachons boire et nous divertir.
» Un luron doit vivre pour elle,
» Sans elle il vaudrait mieux mourir.»

UNE MÈRE DE FAMILLE.

De nos yeux maternels loin de verser des larmes,
Nous prenons part à vos douceurs,
Nos cœurs sont satisfaits quand vous goûtez ces charmes
C'est au sage à verser des pleurs :
Dignes soutiens de l'industrie,
Aimez-la toujours comme nous
Vos travaux sont à la patrie,
Et les plaisirs restent pour vous.

« La franche gaîté, etc.

DEUX VIEILLARDS.

Que le verre fraternel orne la main des braves,
Buvez à nous, fameux gaillards,
Oubliez dans le vin les chagrins, les entraves,
Comme font encore vos vieillards,
Etant rangés sous la bannière
Du joyeux et divin Bacchus,

Revenez fermer la paupière
Quand les jeux n'existeront plus.

« La franche gaité, etc.

UN ENFANT.

De Panard, de Collé le sort nous fait envie,
Ils sont morts, mais ils ont bien bu ;
Le sage accablé d'ans n'a point connu la vie:
Qui s'amuse bien a vécu.
Vous êtes jaloux, nous le sommes,
Guidez-nous vers les restaurants,
Les buveurs de vin sont des hommes,
Les buveurs d'eau sont des enfants.

La franche gaîté, etc.

UNE ÉPOUSE.

Partez joyeux époux les repas sont vos fêtes,
Partez, modèles des grivois.
De myrtes amoureux nous ornerons vos têtes,
En partageant vos doux exploits :
Puisque le temple où l'on va boire
S'ouvre pour calmer nos malheurs,
Disons en chantant notre gloire,
Nos flancs portent vos successeurs.

« La franche gaîté, etc.

UNE JEUNE FILLE.

Et nous sœurs des grivois, nous qui de l'hyménée,
  Aspirons à serrer les nœuds ;
Nous auront ce bonheur dans notre destinée.
  La danse accomplira nos vœux :
  Nous reviendrons dans nos murailles
  Pleins de joie, pleins de santé,
  Puisque le vin dans nos ripailles
  Coulera pour la volupté.

  « La franche gaîté, etc.

TROIS IVROGNES.

Sur le broc, nom de Dieu, jurons tous chers confrères,
  Pour ne pas avoir de rivaux,
Que tout en soulageant la soif qui nous altère,
  Nous viderons tous les tonneaux.
  De retour dans la nuit profonde,
  Dans les bras de la volupté,
  Nous donnerons l'exemple au monde
  Des plaisirs de la liberté.

  « La franche gaîté nous appelle,
  » Sachons boire et nous divertir.
  » Un luron doit vivre pour elle,
  » Sans elle il vaudrait mieux mourir. »
            Alexandre BUFFY.

~~~~~~

Marseillaise épicurienne.

———

Air connu.

Tandis que le pouvoir la berce,
Laissez dormir la liberté.
Qu'à boire, aimer, chacun s'exerce,
Nous avons cette faculté.
Laissons la discorde farouche
S'exhaler en cris superflus,
Français, ne nous querellons plus ;
Et que ce seul refrain nous touche :
Aux armes, francs buveurs, montrez-vous gais,
    Trinquons, trinquons ;
Que le plaisir enlumine nos fronts.

Les dieux nous ont donné des armes,
Pour livrer nos joyeux assauts.
Du temps qui flétrit tous les charmes
Avec elles bravons la faulx.
Doux nectar, gentille fillette
De tous côtés nous sont offerts ;
Tant que nous serons encor verts,
N'ayons pour but que leur défaite.
Aux armes, francs buveurs, etc.

De futailles et des bouteilles
On a rempli nos arsenaux ;
Pour remparts nous avons nos treilles,
Pour écus, nos verres, nos brocs.
Les grâces sont nos cantinières,
Les désirs sont nos tirailleurs ,
Les plaisirs sont nos artilleurs
Et les jeux portent nos bannières !
Aux armes, francs buveurs, etc.

Galants jadis si redoutables ,
Français, réveillons les amours;
Que la bouteille sur nos tables ,
S'emplisse et se vide toujours.
Aux bergères livrons bataille ;
Cupidon nous tend son carquois.
Suivons ce petit roi des rois;
Mais frappons d'estoc, non de taille.
Aux armes, francs buveurs, etc

Combattons prudes et dévotes;
Sachons les mettre à la raison.
Courage, nouveaux Argonautes,
Parvenons jusqu'à la Toison.
Pleurs d'amour s'empressent d'éclore,
Qu'attendons-nous pour moissonner ?

Bientôt elles vont se faner,
Cueillons, s'il en est temps encor.
Aux armes, francs buveurs, etc.

De nos attrayantes conquêtes,
La sagesse entrave le cours :
Au fond de pieuses retraites
Elle emprisonne les amours.
Mais Bacchus, le meilleur des guides,
Nous dit : marchez, ne craignez rien.
J'enivrerai le gardien,
Et nous aurons les Hespérides.
Aux armes, francs buveurs, etc.

Amis, que la mélancolie,
S'exile loin de nos états ;
Que les grelots de la folie
Nous animent dans nos combats.
De jouir faisons notre gloire,
De Bacchus, nourrissons chéris;
De Vénus heureux favoris
Volons de victoire en victoire.
Aux armes, francs buveurs, etc.

Que Bacchus allume la mèche,
Visons toutes les voluptés,
Aux caveaux faisons mainte brêche,

Assiégeons novices beautés.
Si la Parque, d'un coup de taille,
S'oppose à de nouveaux succès,
Eh bien! nous saurons en Français,
Mourir sur le champ de bataille.

Aux armes, francs buveurs, montrez-vous gais,
Trinquons, trinquons,
Que le plaisir enlumine nos fronts!

La clochette du Cabaret.

—

Air de Notre-Dame du Mont-Carmel.

Quel bruit joyeux frappe mon oreille!
Tout bon vivant l'a reconnu :
Chers amis, courons sous la treille,
Du plaisir l'instant est venu,
Pour rire ensemble à la buvette,
Recrutons nos aimables fous ;
Car c'est le bruit de la clochette
Qui nous appelle au rendez-vous.

De ces lieux où naquit l'ivresse,
Nous connaissons seuls le chemin,
C'est le temple de la tristesse
Pour l'ennemi du genre humain.
Voyez loin de notre retraite
S'enfuir les enfants, les jaloux :
Sonnez fort, sonnez la clochette
Ils ne sont pas du rendez-vous.

Sachons profiter de la vie,
Car bientôt nous serons grisons ;

Momus en ce lieu nous convie,
Donnons l'essor à nos chansons.
Mais là bas, j'aperçois Lisette,
A l'air fripon, aux yeux si doux ;
Sonnez fort, sonnez la clochette
Pour qu'elle vienne au rendez-vous.

Sur le grabat de l'indigence
Que décore un noble laurier,
Voyez-vous rêver, en silence,
Ce brave et malheureux guerrier ?
De tous les beaux jours qu'il regrette
La gloire a rejailli sur nous ;
Sonnez fort, sonnez la clochette,
Il doit être du rendez-vous.

Nous avons réuni, j'espère,
L'amour, la gloire et la gaîté,
Attendons l'avenir prospère
Que promet la liberté.
Pour égayer notre musette,
Au bruit des flonflons, des glouglous,
Laissez reposer la clochette,
Nous sommes au rendez-vous.

MORISSET.

Versez toujours.

Air : Du Luth galant.

Joyeux enfans, c'est dans ce jour heureux
Qu'il faut prouver qui de nous boit le mieux.
Puisque de cent flacons la table se décore,
Versez, versez amis, versez, versez encore ;
  Versez à nos amours,
  Versez, versez toujours.

Triste censeur, condamne nos plaisirs,
Mais ne crois pas borner là nos désirs,
Nous avons enterré la boîte de Pandore ,
Versez, versez amis, versez, versez encore ;
  Versez à nos amours,
  Versez, versez toujours.

Faisons sauter fillettes et bouchons,
Vidons, brisons, remplissons nos flacons,
Qu'ici le verre en main, nous retrouve l'aurore,
Versez, versez, amis, versez, versez encore ;
  Versez à nos amours,
  Versez, versez toujours.

Enfans bâtards du père des raisins,
Nous vous rayons du nombre des humains;
D'un fade buveur d'eau l'aspect nous déshonore,
Versez, versez, amis, versez, versez encore;
Versez à nos amours,
Versez, versez toujours,

Jeunes beautés, dont les piquans appas
Daignent souvent partager nos ébats,
Souriez au cristal que ce nectare colore.
Versez, versez, amis, versez, versez encore;
Versez à nos amours,
Versez, versez toujours.

Charles LEPAGE.

La chanson.

Air : Ca n'se peut pas.

Pour chasser les ennuis, la peine,
Il n'est rien tel qu'un gai refrain.
On le trouve dans l'Hyppocrène ;
Mon Hyppocrène, c'est le vin.
Mes amis, voulez-vous m'en croire ?
Pour prouver qu'on est un luron,
Il faut joindre au plaisir de boire
    Une chanson.   (4 *fois.*)

Une chanson a du mérite
Lorsqu'elle remplit nos désirs ;
C'est la chanson qui nous invite
A goûter gaiment les plaisirs.
Une chanson sait mieux nous plaire
Qu'un mélodrame sans raison ;
Aux pantomimes je préfere
    Une chanson.

En combattant pour sa patrie,
Le Français chante, il est vainqueur :

Un poltron craint-il pour sa vie?
Il chante, et brave ainsi la peur.
Si quelque docte compagnie
Me fait bâiller dans un salon,
Vite j'appelle la folie
 Et la chanson.

Orphée adorait Eurydice;
Mais bientôt, déplorant sa mort,
Pluton, dit-il, sois-moi propice,
Rends-moi l'arbitre de mon sort.
A sa voix tout le sombre empire
Devient muet d'attention :
Il n'avait pourtant que sa lyre
 Et sa chanson.

Le héros verrait-il sa gloire
Parcourir ce vaste univers,
Si le poète à sa mémoire
Ne créait des chants et des vers?
Conquérans, qui vous déifie,
Qui vous élève au Panthéon?
C'est moins Clio que Polymnie
 Et la chanson.

Tout meurt et disparaît sur la terre,
Rois, héros, sages et savans,

Et leur souvenir éphémère
S'efface sous la faux du temps.
Comme on voit du divin Homère
D'âge en âge briller le nom,
Anacréon reste le père
    De la chanson.

Partons et restons.

Air : Ton, ton, tontaine, ton, ton,

Là-bas on chante à perdre haleine,
Sur tous les airs, sur tous les tons ,
Partons, partons, mes amis, partons ,
Ici l'amitié nous enchaîne,
Puisqu'ensemble nous la goûtons,
   Restons, mes amis, restons.

Là-bas la grandeur souveraine
Voyage en riches phaétons,
Partons, mes amis, partons.
Ici, sans chagrin et sans gêne,
Nous accourons joyeux piétons,
   Restons, mes amis, restons.

Là-bas, dans cette auberge pleine,

4

On fait d'excellens mirontons,
  Partons, etc.
Pour arrondir notre bedaine,
Ici sont de vrais marmitons,
  Restons etc.

Petit vin qu'on nomme Surêne,
Est en usage en ces cantons,
  Partons, etc.
Ici, pour remplir notre veine,
Sont des vins que mieux nous goûtons,
  Restons, etc.

Là-bas, on prend à Madeleine
Des baisers que nous souhaitons,
  Partons, etc.
Ici, de l'aimable Climène,
On fait mieux, on prend les tétons,
  Restons, etc.

Là-bas, nos auteurs par douzaine,
Sont conduits comme des moutons,
  Partons, etc.
Ici notre gloire est moins vaine,
Les conducteurs sont des gloutons,
  Restons, etc.   FAIVRE

Ma devise.

—

Air : Voilà la manière de vivre cent ans.

Pendant le voyage
Qu'on fait ici-bas,
Comme le vrai sage,
Prenons nos ébats.
Dans ce court trajet.
Il faut toujours, quoique l'on fronde,
Qu'un joyeux couplet
Naisse et se répète à la ronde,
Passons notre vie,

Chantant, tour à tour,
L'honneur, la patrie,
Bacchus et l'amour.

Brûlans de vaillance,
Pleins du jus divin,
Défendons la France,
Sa gloire et son vin ;
Et comme Bayard,
Près de la bergerette agaçante,
De l'amoureux dard
Ressentant l'atteinte enivrante,
Passons notre vie, etc.

Amis, sous la treille
Narguons le chagrin,
Et qu'amour s'éveille
Au bruit du tintin.
Oui, puisque la paix
Dans le fourreau retient nos lames,
En lurons français,
Le verre en main, fêtons les dames,
Passons notre vie, etc.

Fillette jolie
S'offre-t-elle à moi,
Bacchus, je t'oublie,
Pour suivre sa loi.

Quel charmant séjour
Vénus me prépare à Cythère !...
  Discret troubadour,
Je cherche l'ombre du mystère.
  Je passe ma vie, etc.

  Du temple du Guide
  Je viens chez Bacchus;
  Momus y préside:
  Quel joyeux chorus !
  Douce intimité
  De buveurs fait une famille :
  Chez eux la gaîté.
Liqueurs et bons mots, tout pétille;
  Ils passent leur vie, etc.

  Près de gente dame,
  Comme au champ d'honneur,
  N'ayons dans notre âme
  Reproche, ni peur ;
  Braves et galants,
Des plaisirs et de gloire avides
  Prenons en tout temps
Lafayette et Piron pour guides,
  Passons notre vie, etc.

  Quoi que puissent dir

Les sots d'ici-bas,
Que le mot pour rire
Nous suive au trépas.
Sans peur, sans frisson,
J'envisage notre défaite ;
Et, dans ma chanson,
Mon épitaphe est déjà faite :
« Il passe sa vie,
« Chantant, tour à tour,
« L'honneur, la patrie,
« Bacchus et l'amour. »

E. C. Piton.

Aux Épicuriens.

Air connu.

Franc épicurien,
Gai vaurien,
Qui, pour rien,
Sans envie
Écoule ta vie,
Bravant d'Atropos
Les propos,
Les suppôts,
Sur nos pôts
Viens lever des impôts.

On voit régner en liberté,
Chez nous, la plus franche gaîté,
Avec bonheur, fraternité;
A l'exemple du bon Grégoire,
Nous ne connaissons d'autre gloire
    Que d'aimer, de boire!
    Franc épicurien, etc.

A nos jeux, Bacchus, tu souris,
Et les plaisirs par toi nourris
Sont fidèles à nos hourris :
Si près d'elles Momus sommeille,
Nous courons chanter sous la treille,
    Pour qu'il se réveille.
    Franc épicurien, etc.

Fi du grand monde et ses tracas!
Rien ne s'y fait qu'avec fracas,
Nous préférons Pierre et Lucas;
Avec ses joyeux camarades
Riant des royales parades,
    Nous buvons rasades.
    Franc épicurien, etc.

On ne voit point à nos banquets,
De sots titrés, des freluquets,

De clinquant brillant aux quinquets :
Mais des figures arrondies,
Des bedaines bien rebondies,
    Point de maladies.
    Franc épicurien, etc.

Gorgé d'écus, un aigrefin
Se dit, sentant venir sa fin :
Pourquoi faut-il mourir de faim?
Quand l'ivrogne que rien n'arrête,
Avec l'argent que je lui prête,
    Fait tous les jours fête?
    Franc épicurien, etc.

Plaignant le sort de ces amans
Qui plus amoureux que gourmans,
Vivent de soupirs, de sermens,
Savourons ce met délectable,
Arrosons-le d'un vin potable
    Et chantons à table :
    Franc épicurien, etc.
                    P. CLAUDEL.

~~~~~~~~~~~~~~~~~~~~~~~~~~~~~~~~~~~

Mo philosophie.

—

Air : Du Curé de Pomponne.

D'un pénible souvenir
    Le poids ne m'indispose ;
A mes yeux le sombre avenir
    Devient couleur de rose.
Pour le présent qui fuit déjà,
    Au hasard je me fie ;
    J'espère que voilà,
      La riral,
    De la philosophie.

Par moi du joyeux troubadour,
    La morale est suivie :
Et chaque plaisir à son tour
    Vient égayer ma vie :
Je donne les nuits à l'amour,
    Les jours à la folie.
    J'espère que voilà

La rira,
De la philosophie.

Quant à quelque joyeux festin
L'amitié me convie,
Je mange jusqu'à ce qu'enfin
Ma faim soit assouvie.
M'offre-t-on un verre de vin,
Je bois jusqu'à lie.
J'espère que voilà
La rira,
De la philosophie.

Un savant, par un art nouveau,
Rend la mémoire bonne :
Pour moi, dans un pareil panneau
Il s'en faut que je donne :
Tous mes plaisirs sont présents-là :
Les maux, je les oublie.
J'espère que voilà,
La rira,
De la philosophie.

Je ne sais si je fus jamais
Trompé par mon amie ;
Mais si quelque jour j'augmentais
La grande confrérie,

M'affliger de ce malheur-là
　　Serait une folie :
　　J'espère que voilà
　　　　La rira,
　　De la philosophie.

Peut-on trouver ailleurs qu'ici
　　Table aussi bien servie !
Libres de soins et de souci,
　　Passons-y notre vie :
Joyeux gourmands, bravons ainsi
　　La fortune ennemie :
　　Et fronde qui voudra
　　　　La rira,
　　Notre philosophie.

Quand le temps viendra m'inviter
　　A changer de demeure,
Je veux, à force de chanter,
　　Lui faire oublier l'heure ;
En voyant cette gaîté-là,
　　Je prétends qu'il s'écrie :
　　Vive ce luron-là !
　　　　Oui, voilà,
　　De la philosophie.

Le Comte Orry.

Le Comte Orry disait pour s'égayer
Qu'il voulait prendre le couvent de Farmoutier,
Pour plaire aux nonnes et pour les désennuyer.

Ce Comte Orry, chatelain redouté,
Après la chasse, n'aimait rien que la gaité,
Que la bombance, les combats et la beauté.

5

Holà ! mon page, venez me conseiller,
L'amour me berce, et je ne puis sommeiller.
Comment m'y prendre pour dans ce couvent entrer

Sire, il faut prendre quatorze chevaliers,
Et tous en nonnes il vous les faut habiller,
Puis, à nuit close, à la porte aller heurter·

Orry va prendre quatorze chevaliers ;
Et tous, en nonnes, Orry les fait habiller :
Puis, à nuit close, à la porte ils vont heurter.

—Holà!... qui frappe, qui mène un si grand bruit
— Ce sont des nonnes, qui ne vont que de nuit
Qui sont en crainte de ce maudit Comte Orry.

Survient l'abbesse, les yeux tout ondormis...
—Soyez, mesdames, bien venues en ce logis...
Mais comment faire ? où trouver quatorze lits?

Chaque nonnette, d'un cœur vraiment chrétien,
Aux étrangères offre la moitié du sien....
Soit (dit l'abbesse) : Sœur Colette aura le mien.

La Sœur Colette, c'était le Comte Orry,
Qui, pour l'abbesse, d'amour ayant appétit,
Dans sa peau grille de trouver la pie au nid.

Fraîche, dodue, œil noir et blanches dents,
Gentil corsage, peau d'hermine et pieds d'enfans,
La dame abbesse ne comptait pas vingt-cinq ans.

Au lit ensemble, tous les deux bien pressés...
Ah! dit l'abbesse... ciel, comme vous m'embrassez!...
— Vrai Dieu, Madame! peut-on vous aimer assez?

Ah! sœur Colette, qu'avez bien le cœur bon!...
Mais, sœur Colette, qu'avez bien rude menton!...
Parbleu! Madame, ainsi mes compagnes l'ont.

Toutes mes Nonnes, venez me secourir;
Croix et bannières, l'eau bénite allez quérir,
Car je suis prise par ce maudit Comte Orry.

Ah! Dame Abbesse, vous avez beau crier;
Laissez en place Croix, bannière et bénitier.
Car chaque nonne est avec son chevalier.

La pauvre Abbesse, après un grand cri,
Sans voir de nonnes, n'espérant plus de merci,
Prit patience avec sœur Colette aussi.

Neuf mois ensuite, vers la fin de janvier,
L'histoire ajoute, comme un fait singulier,
Que chaque nonne fit un petit chevalier.

La Gascogne.

RONDE.

Air connu :

Un jour de cette automne,
Dé Bordeaux révénant,
Jé vis nymphe mignone
Qui s'en allait chantant.
  On rit, on jase, on raisonne ;
On n'aime qu'un moment.

Jé vis nymphe mignone
Qui s'en allait chantant ;

C'était la jeune OEnone,
Fraîche comme un printemps.
 On rit, on jase, etc.

C'était la jeune OEnone,
Fraîche comme un printemps,
Fermé comme une nonne,
Un morceau dé friand.
 On rit, on jase, etc.

Fermé comme une nonne,
Un morceau dé friand.
Dans mon humeur gasconne
J'étais entréprenant:
 On rit, on jase, etc.

Dans mon humeur gasconne
J'étais entréprenant.
Jé déchire et chiffonne
Lacet, gaze et ruban.
 On rit, on jase, etc.

Jé déchire et chiffonne
Lacet, gaze et rubans:
Tiens, lé fils dé Latone,
Lui dis-je, est moins ardent ;
 On rit, on jase, etc.

Tiens, lé fils dé Latone,

Frétillon.

—

Air : Ma commère, quand je danse.

Francs amis des bonnes filles,
Vous connaissez Frétillon :
Ses charmes aux plus gentilles
Ont fait baisser pavillon.
　　Ma Frétillon,　　　　*(bis)*
　　Cette fille
　　Qui frétille,
N'a pourtant qu'un cotillon.

Deux fois elle eut équipage,
Dentelles et diamans,
Et deux fois mit tout en gage
Pour quelques fripons d'amans :
    Ma Frétillon,
    Cette fille
    Qui frétille,
Reste avec un cotillon.

Point de dame qui la vaille.
Cet hiver, dans son taudis,
Couché presque sur la paille,
Mes sens étaient engourdis :
    Ma Frétillon,
    Cette fille,
    Qui frétille,
Mit sur moi son cotillon.

Mais que vient-on de m'apprendre ?
Quoi ! le peu qui lui restait,
Frétillon a pu le vendre
Pour un fat qui la battait !
    Ma Frétillon,
    Cette fille,
    Qui frétille,
A vendu son cotillon.

En chemise, à la croisée,
Il lui faut tendre ses lacs ;
A travers la toile usée
Amour lorgne ses appas.
    Ma Frétillon,
    Cette fille,
    Qui frétille,
Est si bien sans cotillon.

Seigneurs, banquiers et notaires,
La feront encore briller ;
Puis encore des mousquetaires
Viendront la déshabiller.
    Ma Frétillon,
    Cette fille,
    Qui frétille,
Mourra sans un cotillon.

Ja'i \de l'argent:

Air : Le premier pas.

J'ai de l'argent...
Que ces mots ont d'empire !
Heureux qui dit à l'honnête indigent :
« De ta misère, ami, je te retire,
« Et dès ce jour doit cesser ton martyre !
« J'ai de l'argent. »   - *(bis)*

J'ai de l'argent...
On me fait bonne mine,
A me servir on est fort diligent,
Et célébrant mon illustre origine,
Chacun se dit mon cousin, ma cousine..
J'ai de l'argent !

J'ai de l'argent...
Fillette jeune et belle
A, pour moi seul, un regard obligeant ;
Si je la presse elle n'est pas cruelle,
Je ne saurais trouver une rebelle.
J'ai de l'argent !

J'ai de l'argent...
A plaider je m'expose,
Je vais trouver et juge et président,
Aux droits acquis je sais ce que j'oppose,
Je suis tranquille... et je gagne ma cause...
J'ai de l'argent !

J'ai de l'argent...
Ma table est bien garnie,
Et j'ai toujours de l'esprit, du talent :
En prose, en vers, on vante mon génie;
Ma place, enfin, est à l'académie..
J'ai de l'argent.

J'ai de l'argent...
J'excite un peu l'envie,
Autour de moi tourne maint intrigant ;
En me flattant il dénigre ma vie ;
Même au besoin parfois me calomnie...
J'ai de l'argent.

J'ai de l'argent...
De la mort tributaire,
J'aurai du moins un corbillard brillant ;
A mon convoi l'on verra, je l'espère,
Suisse, bedeau, chantre, curé, vicaire...
J'ai de l'argent.   (bis)

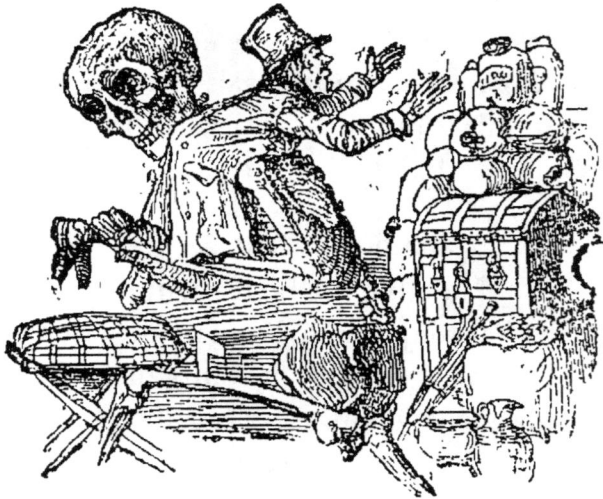

L'habit.

—

Air : C'est l'amour.

C'est l'habit, l'habit, l'habit
    Qui dégourdit
    Et façonne.
C'est l'habit, l'habit, l'habit
    Qui donne
    Du crédit.

Qui fait souvent passer en France

Des fadaises pour de bons mots ?
Qui donne au sot de l'assurance,
Et d'un faquin fait un héros ?
  Qui rend hautain, superbe
  Et roide comme un pieu
  Un colonel imberbe
  Qui n'a pas vu le feu !
  C'est l'habit, etc.

Dans les salons un petit-maître
Est, dès l'abord, vu d'un bon œil;
Avant même de le connaître,
On le vante, on lui fait accueil.
  Qu'est-ce qui l'accrédite ?
  Ce n'est pas, croyez-m'en,
  Son esprit, son mérite :
  Il n'a pour talisman
  Que l'habit, etc.

Pour séduire mainte coquette,
Pour jeter de la poudre aux yeux,
Pour s'enrichir par quelque dette,
Faut-il un talent merveilleux ?
  Bravant tous les obstacles,
  Souvent un malotru
  Opère ces miracles
  Par la seule vertu

De l'habit, etc.

On distingue un léger poète
D'un épais et lourd financier;
D'une sœur grise une grisette;
Un ignorantin d'un huissier;
   D'un membre du conclave
   Un modeste pasteur;
   Enfin le nouveau brave
   De l'ancien voltigeur,
   A l'habit, etc.

Mais quelque part que l'on m'enterre,
Bien ou mal mis, au résultat,
Ne faut-il pas qu'un ver de terre
Ronge le prince et le goujat?
   Sur l'infernale rive,
   Par le même chemin,
   Tôt ou tard on arrive
   Sans or, sans titre, enfin.

Sans l'habit, l'habit, l'habit
   Qui dégourdit
   Et façonne.
C'est l'habit, l'habit, l'habit
   Qui donne
   Du crédit.

Le lavement.

—

Air : On dit que je suis sans malice.

Autrefois, feu mon digne père,
Était un docte apothicaire,
Il me laissa (seul héritier)
Sa seringue et son tablier.
Sitôt, le cœur plein d'espérance,
J'allai faire mon tour de France.
Chacun disait en me voyant :
Salut, donneur de lavement.   *(bis)*.

Ma seringue n'était pas mince :
Aussi dans toute la province,
J'étais couru, j'étais fêté.
Comme le sexe en a tâté !
Plus d'un tendron, j'en suis sûr brûle
Au souvenir de ma canule :
Sans vanité, j'ai su vraiment
Faire goûter mon lavement.

Femmes, qui souffrez de la rate,
Ne voyez pas un Hippocrate,
Car rien n'est pis que le docteur
Pour vous sauver de la douleur.
Ma seringue, sans nul obstacle,
Peut seule opérer un miracle :
Pour guérir radicalement,
Prenez un doigt de lavement.

Afin d'avoir santé parfaite,
Beautés, adoptez ma recette;
Elle sait doubler vos attraits,
Rend le corps libre et le teint frais.
Pour les vapeurs elle est d'usage,
Elle console du veuvage :
Bref, on ne peut pas décemment
Vivre un seul jour sans lavement.

Je vieillis, cela me tourmente,
Déjà ma main devient tremblante.
Mal ajuster déplait toujours,
En remèdes comme en amours :
Si ma seringue, hélas! s'affaisse.
Mesdames, sauvez ma faiblesse;
Usez donc de ménagement,
Ne rendez pas mon lavement.

Faites vite et parlez bas,

Air : Dam! ma mère, est-c' que j' sais ça?

Hier je suivais Lisette ;
Elle m'avait vu, je crois ;
Pour m'éviter la pauvrette
Court se cacher dans le bois.
— Ma Lise, daignez m'entendre ;
Rien qu'un mot, un seul. — Hélas !
Ma mère peut nous entendre ;
Dites vite et parlez bas.

— Je vous aimerai sans cesse,
J'en jure par vos appas.
— Je crois à votre tendresse,

Mais ma mère n'y croit pas.
— De vous il faut que j'obtienne
Un baiser. — Je n'ose pas.
— Mais, du moins, que je le prenne.
— Prenez vite et parlez bas.

Lise a partagé l'ivresse
Où me plonge ce baiser ;
D'une plus douce caresse
Ma bouche veut l'embrasser.
— Quelle preuve de tendresse
Exigez-vous donc, Lucas?
— Sur mon sein que je te presse!
— Pressez vite et parlez bas.

D'où naît le charme suprême
Qu'avec effroi je ressens?
D'où naît cette ardeur extrême
Où s'allument tous mes sens?
— Lise, ton amant fidèle
Meurt d'amour entre tes bras!
— Grand Dieu, ma mère m'appelle!
Mourez vite et parlez bas.

E. de Jouy.

La Chanson.

—

Air : Tra la la, tra la la.

Célébrons , fils de Momus ,
Sur les autels de Comus ,
Cet écho de la gaîté
Par l'univers répété.

La chanson , la chanson ,
Utile et douce leçon
La chanson , la chanson ,
Dont Momus aime le son.

D'Horace et d'Anacréon ,
De Panard et de Piron ,
Qui rendra les noms toujours
Chers à Bacchus , aux Amours ?
La chanson , etc.

Quel aimable talisman
Protégeait ce tendre amant,
Qui par un charme vainqueur
De Pluton toucha le cœur ?
    La chanson, etc.

Tyrthée appelle au combat,
Sparte qu'un revers abat :
Quel pouvoir rend ses enfans
Valeureux et triomphans ?
    La chanson, etc.

Mazarin, doublant l'impôt,
Décimait la poule au pôt ;
Mais ce ministre exigeant
Laissait au peuple indigent.
    La chanson, etc.

L'amour joignait pour Henri
Un myrte au laurier d'Ivry,
Et ce roi, vraiment Français,
Cultivait avec succès
    La chanson, etc.

En votre faveur, lurons,
Qui sait apprendre aux tendrons
Que l'amour a mille appas,
Qu'on ne lui résiste pas ?
    La chanson, etc.

Qui peut au front d'un cafard,
En lui lançant maint brocard,
D'une tardive rougeur
Imprimer le sceau vengeur?
   La chanson, etc.

Si, dans les palais des rois,
Les festins sont courts et froids,
C'est qu'un ennuyeux concert
Chez eux remplace au dessert
   La chanson, etc.

D'un pampre vert décorés,
Opposons aux sots titrés,
Aux destins trop inconstants,
Et même à la faux du Temps

   La chanson, la chanson,
Utile et douce leçon,
   La chanson, la chanson,
Dont Momus aime le son.
M. CAMILLE.

L'Optimiste.

—

Air : Sans mentir, sans mentir.

Aucun soin ne me captive,
Je prends le temps comme il vient.
C'est la gaîté la plus vive
Qui me guide et me soutient;

Une prudence craintive
Est plutôt un mal qu'un bien.
Quelque chose qui m'arrive,
Je chante en épicurien :

    Ça va bien, ça va bien,
Ne désespérons de rien.

Depuis cinq ans en ménage,
Ma foi, je désespérais
D'obtenir du mariage
Le fruit que je désirais.
Hier rentrant chez ma femme,
Je trouve un galant blondin,
Tête-à-tête avec madame.
Bon ! m'écriai-je soudain :

    Ça va bien ; ça va bien,
Ne désespérons de rien.

Certain critique en délire,
Dans son grave tribunal,
Attaque, fronde et déchire,
Et se plaint que tout va mal.
De ce censeur humoriste
Combien les discours sont vains !
L'éléphant devient artiste,
Les danseurs sont écrivains.

4

Ça va bien, ça va bien ,
Ne désespérons de rien.

La toilette de nos belles ,
Captive l'œil enchanté ;
Toutes leurs modes nouvelles
Respirent la volupté.
Par le plaisir raccourcies ,
Leurs robes qu'amour tailla ,
De leurs jambes si jolies
Montrent la moitié déjà...

Ça va bien, ça va bien ,
Ne désespérons de rien.

Avec Lise en bon apôtre,
L'autre jour je folâtrais ;
Fuis, dit-elle ; l'un pour l'autre
Le ciel ne nous a pas faits.
Apprends qu'il est difficile
De pénétrer dans mon cœur.
Je l'attaque en homme habile ,
Et m'écrie : Heureux vainqueur !...

Ça va bien , ça va bien ,
Ne désespérons de rien.

Au diable le pessimiste
Qui se lamente toujours.
L'Épicurien optimiste
Ne compte que de beaux jours.
Voici ma philosophie :
Qui de vous la blâmera ?
Tant que l'on peut dans la vie
Manger, boire, *et cetera*,

Ça va bien, ça va bien,
Ne désespérons de rien.

MOREAU.

La Grisette.

—

Air connu de Plantade.

Oui, je suis grisette,
On voit ici-bas
Plus d'une coquette
Qui ne me vaut pas (*bis*)..

Je suis sans fortune
Et n'ai point d'aïeux :
Oui, mais je suis brune,
Et j'ai des yeux bleus.
Oui, je suis, etc.

Un vieux duc me presse :
Je résisterai,
Et serai duchesse
Lorsque je voudrai.
Oui, je suis, etc.

Libre en ma demeure,
J'écris à Julien :
Viens donc *de bonne heure,*
Tu feras le mien.
Oui, je suis ; etc.

On nous fait la guerre,
Et pourtant, je crois,
Nous n'en avons guère
Qu'un seul à la fois.
Oui, je suis, etc.

Moi, je fais l'épreuve
D'un hymen complet,
Et je deviens veuve
Quand cela me plaît.
Oui, je suis, etc.

Une prude jeûne
Avec des façons,

Et moi, je déjeûne
Avec les garçons.
Oui, je suis, etc.

Pour avoir dimanche
Bonnet et ruban,
J'ai la robe blanche
Que je mets en plan.
Oui, je suis, etc.

Fi d'un bal qu'éclaire
Le feu des quinquets.
Vive la Chaumière,
On a des bosquets.
Oui, je suis, etc.

Je suis ouvrière,
Voilà tout mon bien,
Et j'aide ma mère,
Qui ne gagne rien.
Oui, je suis, etc.

J'aurais bien pu rendre
Mon sort fortuné;
J'en ai tant vu vendre
Ce que j'ai donné.
Oui, je suis, etc.

Mais simple et modeste ,
Je ne veux pas d'or,
Et ce qui me reste
Je le donne encor.
Oui, je suis grisette,
On voit ici–bas ,
Plus d'une coquette
Qui ne me vaut pas (*bis.*)

Frédéric Le Comte.

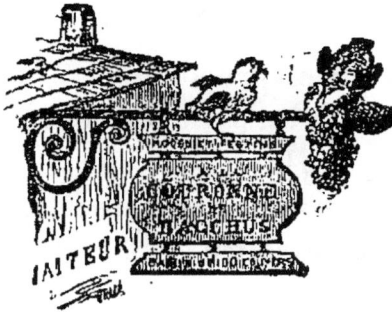

Fanchon.

Air Elle aime à rire

Amis, il nous faut faire pause,
J'aperçois l'ombre d'un bouchon ;
Buvons à l'aimable Fanchon,
Elle mérite quelque chose.
Ah ! que son entretien est doux !
Et qu'elle est digne de gloire!
Elle aime à rire, elle aime à boire,
Elle aime à chanter comme nous.

Elle préfère une grillade
Aux repas les plus délicats ;
Son teint jette un nouvel éclat
Quand elle a bu une rasade.
Ah ! que son entretien, etc.

Si parfois elle est cruelle,
C'est quand on lui parle d'amour ;
Pour moi, je ne lui fais la cour
Qu'en lui versant une bouteille.
Ah ! que son entretien, etc.

Le Farceur.

CHANSONNETTE.

—

Air du vaudeville du Dîner de garçon.

Mon cousin est un grand farceur,
Ses manières sont bien aimables,

Les niches, voilà son bonheur,
Il en fait de bien agréables.
Quand il va dans une maison,
Afin de mieux jouer son rôle,
D'abord il a l'air d'un Caton,
Mais dès qu'il fait le polisson......
Mon Dieu! que mon cousin est drôle!

Hier il dînait chez papa,
Il était d'une humeur charmante;
A peine assis, il renversa
Tout son potage sur ma tante;
Puis, comme il voulais parier
De ne plus faire cette école,
Zeste, en prenant le saladier,
Sur maman il jeta l'huilier......
Mon Dieu! que mon cousin est drôle!

Quand il imite un animal,
Ah! c'est alors qu'il faut l'entendre!
Il fait tout: âne, chien, cheval,
Et c'est vraiment à s'y méprendre.
L'autre soir, d'un grand sérieux,
Tout à coup voilà qu'il miaule;
Notre chat devint furieux,

Et voulut lui sauter aux yeux.....
Mon Dieu! que mon cousin est drôle!

Maman élevait un serin
Dont on admirait le ramage,
Il gazouillait soir et matin
Dès qu'on approchait de sa cage.
Mon cousin, dans un beau transport,
Un jour, le prend, il le cajole,
Et lui fait tant faire le mort,
Que notre oiseau le fait encor......
Mon Dieu! que mon cousin est drôle!

C'est au bal qu'il s'en donne bien;
Il ne va jamais en mesure;
Pourtant il trouve le moyen
De déranger chaque figure;
Allongeant sa jambe au moment
Où l'on fait une cabriole,
Grâce à lui, ma sœur, en tombant,
Se cassa deux dents de devant...
Mon Dieu! que mon cousin est drôle!

PAUL DE KOCK.

FIN.

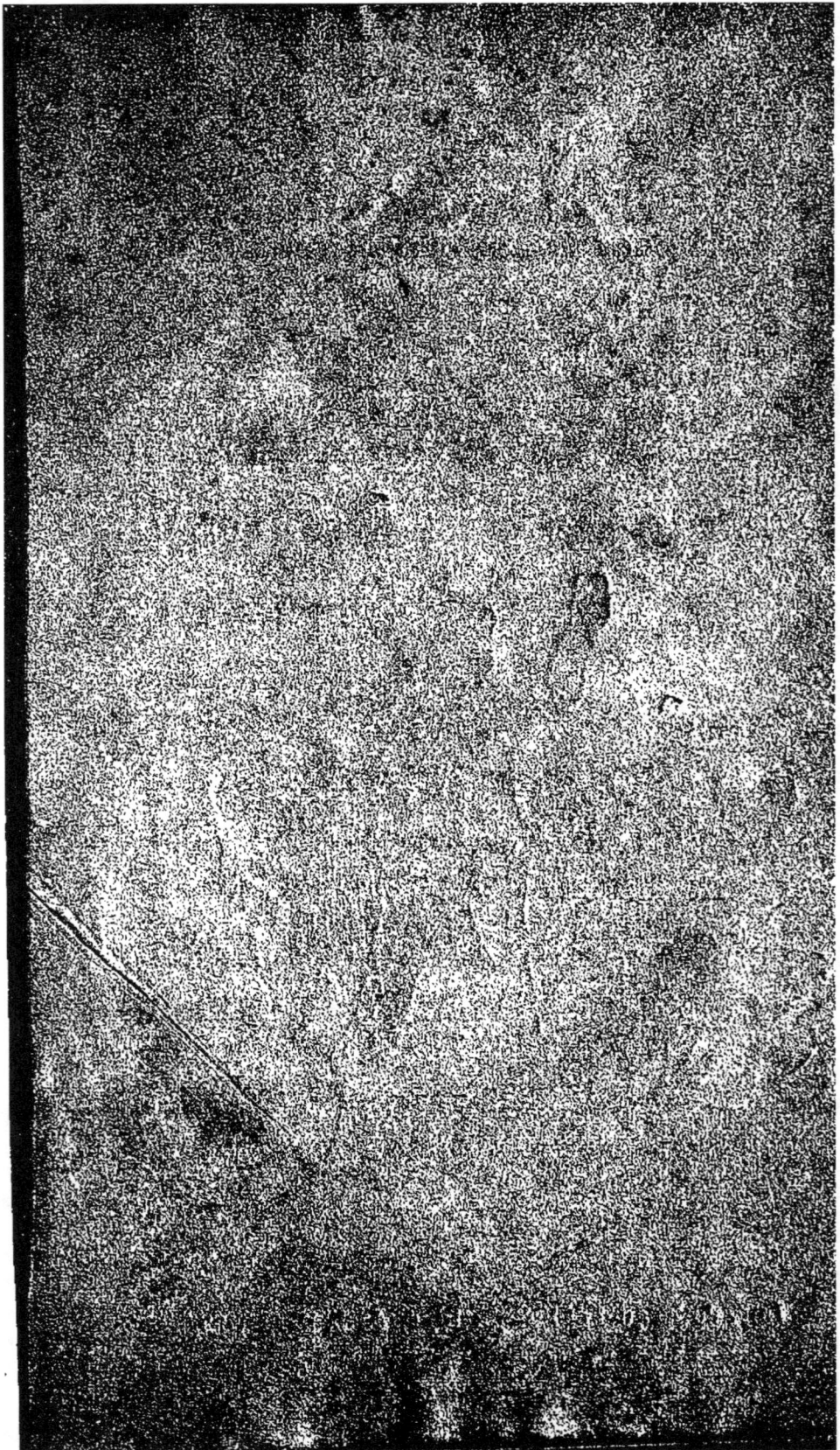